AF509473

NOUVELLES RÈGLES

DU JEU

DE BILLARD.

Tous les exemplaires qui ne porteront pas la signature ci-dessous, seront réputés contrefaits.

IMPRIMERIE DE SÉTIER,

Cour des Fontaines, n° 7, à Paris.

NOUVELLES RÈGLES
DU JEU
DE BILLARD,

Rédigées d'après les avis des plus forts joueurs, particulièrement des sieurs

Ch...., N...., A...., M....,

ET PUBLIÉES

PAR J.-B. PANNETIER.

Prix : **6** francs.

PARIS.

Chez **PANNETIER**, FABRICANT DE BILLARDS,
Rue Notre-Dame de Nazareth, Nᵒˢ 7 et 10.

1826.

NOUVELLES RÈGLES

DU

Jeu de Billard.

PARTIE ORDINAIRE.

ART. 1ᵉʳ. La partie ordinaire se joue, à deux, en vingt points; à quatre, en seize points, et, à trois, en douze et en quinze : c'est-à-dire, pour cette dernière, qu'il faut douze points au premier gagnant, et quinze au second.

2. Cette partie se joue avec trois billes: une rouge et deux blanches; ces deux dernières sont celles dont se servent les joueurs La rouge vaut trois points, et chaque blanche deux points.

3. Les deux joueurs, ayant remarqué leur bille, tirent le billard : on appelle tirer le billard, chercher à placer sa bille le plus près possible de la petite bande du bas, en touchant la petite bande du haut: celui dont la bille est ainsi venue le plus près de la petite bande du bas, a le choix de jouer ou de faire jouer le premier; mais il ne faut pas que sa bille ait touché celle

de son adversaire; dans ce cas, il perd l'avantage du coup.

4. Le maître du billard ou le garçon qui le représente, formera un demi-cercle de douze pouces de diamètre, tiré du centre de la corde qui forme le bas, dans lequel demi-cercle les joueurs placeront leur bille à volonté, ce demi-cercle étant l'espace donné pour jouer sa bille, lorsqu'elle est en main.

5. La rouge se place sur la mouche du haut; elle est bonne partout où elle est faite.

6. Celui qui jouera le second pourra jouer sur la bille qu'il jugera à propos, si elles sont toutes deux du haut, celle qui sera dans la partie qu'on appelle le bas, ne pouvant être touchée qu'après qu'il aurait frappé une bande, ou touché l'autre bille; si elles y étaient toutes deux, c'est ce qu'on appelle avoir le coup de bas, et le joueur serait obligé de tirer sur la petite bande du haut pour toucher.

7. Lorsqu'une bille se trouvera partager également la raie qui forme le bas, elle sera réputée du bas.

8. Quand on est en main, il faut avoir les deux pieds et le corps dans le billard,

c'est-à-dire entre les deux raies qui seront
tirées à cet effet au niveau des deux gran-
des bandes. On ne peut jouer quelque coup
que ce soit sans avoir un pied par terre.

9. Lorsqu'on est en main, on ne peut sortir
du billard pour ajuster sa queue sur la bille
sur laquelle on a à jouer.

10. Lorsqu'un joueur aura joué n'étant
pas dans le billard, ou en étant sorti pour
ajuster sa queue, ou sans avoir un pied par
terre, ou sa bille étant hors du demi-cercle,
le coup sera bon pour la perte comme pour
le gain : c'est à son adversaire à lui faire
observer la règle avant de lui laisser jouer
le coup; mais, si le joueur a joué de cette
manière, malgré l'observation que lui a faite
son adversaire, il perdra un point, et ne
pourra tirer avantage du coup; s'il a fait
bille, cette bille faite, si c'est la rouge, se
remet sur la mouche, si c'est la blanche, est
en main; dans le cas où il se perdrait, l'adversaire ne compterait pas le point, et ga-
gnerait seulement la perte.

11. Celui qui aura joué la bille de son
adversaire sans avoir été prévenu, fera le
coup bon, pour la perte comme pour le gain;
mais, s'il a joué ayant été prévenu, il perdra trois points, et ne pourra rien gagner,

quoi qu'il ait fait ; les billes resteront où elles
se trouveront.

12. Lorsqu'on manque à toucher, on perd
un point.

13. Quand un joueur donne un point, il
est obligé de toucher la bande la plus près
de l'une des billes, et de dépasser cette
bille : c'est ce qu'on appelle tout faire.

14. Celui qui carambolera, c'est-à-dire
qui, avec sa bille, touchera les deux autres,
gagnera deux points. S'il fait la bille blanche en carambolant, il en gagnera quatre ;
s'il fait de même la bille rouge, il en gagnera
cinq ; s'il fait les deux billes en carambolant,
il en gagnera sept. Dans tous les cas, s'il se
perd, il en perdra autant qu'il en aurait
gagné ; s'il se perd sans toucher, il en perdra trois.

15. Le saut est nul, excepté pour la bille
du joueur qui est censée perdue : ainsi donc,
s'il fait sauter sa bille, il perdra deux points
ayant touché la blanche ; trois points ayant
touché la rouge ; s'il avait fait des points,
il en perdra autant qu'il en aurait gagné.

16. Le saut étant nul, celui qui fera sauter la bille de son adversaire, et carambolera du même coup, comptera deux points ;
s'il fait la rouge, il en gagnera cinq ; si c'est

la rouge qu'il a fait sauter, et qu'il ait fait la blanche en carambolant, il gagnera quatre points.

17. Si un joueur fait sauter la rouge ou la bille de son adversaire, et que ce dernier renvoie l'une ou l'autre sur le tapis, cette bille sera, au choix du joueur, réputée hors du billard, ou laissée à la place qu'elle sera venue occuper par l'effet du rejet qui en a été fait; si c'est la sienne que le joueur fait sauter, et que cette bille soit également rejetée par l'adversaire, le premier pourra, à son choix, la laisser à la place où elle sera ainsi venue, et il tirera l'avantage de son coup, ou se mettre en main; mais, dans ce dernier cas, il perd ce qu'il aurait gagné.

18. Si une bille qui saute est renvoyée sur le tapis par une cause indépendante des joueurs, cette bille est réputée dehors.

19. Les billes qui resteront sur la bande, seront réputées hors du billard.

20. Si la rouge se trouve faite ou hors du billard, et que celui qui doit jouer le coup joue avant qu'elle soit remise à sa place, il perdra un point, et ne pourra tirer aucun avantage de son coup; mais, s'il se perd, il ne perdra que sa perte, qui dès

lors, ne peut être que de deux points; s'il a touché; n'ayant point touché, il en perdra trois. La rouge sera remise sur sa mouche.

21. Lorsqu'un joueur queute, c'est-à-dire, lorsque la bille sur laquelle il joue, reçoit l'impression de son coup de queue en même temps que la sienne, il perd un point, et sa bille est, au choix de son adversaire, relevée ou laissée où elle se trouve ; les autres billes ne sont point dérangées.

22. Quand un joueur, ayant posé sa main sur le tapis pour jouer son coup, touche mal à propos sa bille, l'adversaire a le droit de demander le coup, avant ou après qu'il est consommé ; s'il le demande avant, le joueur ne peut continuer, et perd un point ; s'il le demande, après ou lorsque le coup ne peut être arrêté, ce coup ne lui compte qu'un point, lors même que le joueur se serait perdu ; et les billes faites sont remises à leur place.

23. Si un joueur, ayant jugé à tort que son adversaire a touché mal à propos sa bille, arrête son coup, il perdra un point ; les billes seront remises à leur place ; et le coup sera recommencé.

24. Quand le joueur, avant de s'ajuster, touche une autre bille que la sienne, il

perd un point; s'il touche deux billes, il perd deux points; les billes sont remises à leur place, et il joue son coup.

25. Si un joueur, ayant manqué à toucher, dérange quelques billes, il perd, indépendamment du manque à toucher, autant de points qu'il dérange de billes, et ces billes sont remises à leur place.

26. Lorsqu'étant en main et voulant jouer sur une bille qui est hors le bas, on en touche une qui se trouve dans cette partie du billard, on perd un point; et la bille touchée, sur laquelle on ne pouvait tirer, est remise à la place qu'elle occupait. Les points qui auraient été ainsi faits sont nuls, et le coup est perdu pour le joueur. S'il s'est perdu, la perte ne pourra compter moins de trois points.

27. Quand, venant de jouer, le joueur dérange sa bille avant qu'elle soit arrêtée, il perd trois points, s'il n'a rien fait; s'il a fait des points, ces points seuls comptent à l'adversaire; la bille du joueur, censée perdue, est en main.

28. Celui qui, après avoir joué, dérange quelques billes, autres que la sienne, avant son coup consommé, perdra également trois points si l'adversaire demande ce

coup. La bille du joueur, de même que celle sur laquelle il a joué, sera, au choix de l'adversaire, laissée où elle se trouve, ou mise à la place qu'elle serait venue occuper, d'après le jugement de la galerie. Le joueur qui a fait cette faute ne peut tirer aucun avantage de son coup.

29. Si le joueur dérange les billes après son coup consommé, c'est-à-dire lorsqu'elles sont arrêtées, il perdra autant de points qu'il aura dérangé de billes; mais il aura tout l'avantage de son coup : les billes seront remises à leur place.

30. Lorsque, deux joueurs se servant de la même queue, l'un, en la remettant à l'autre ou en la recevant, arrête une bille roulante, il ne peut perdre moins de trois points. Les billes arrêtées, si ce sont les blanches, seront en main; si c'est la rouge, sera remise sur sa mouche. Si c'était sa bille que le joueur arrêtât, après avoir fait des points, ces points compteraient pour son adversaire, de même que s'il se fût perdu; et il sera en main.

31. Si le coup expliqué à l'article précédent avait lieu, les billes étant arrêtées, celui qui l'aurait fait ne perdrait rien; et

les billes seraient remises à la place qu'elles occupaient.

32. Si le joueur, après avoir joué son coup, souffle sur sa bille roulante, ou donne au billard quelqu'impulsion qui puisse lui faire faire un autre effet que celui qu'elle aurait éprouvé, il perdra autant de points qu'il en aura fait ; s'il n'en a point fait, il perdra trois points, et sa bille sera en main ; il perdra de même trois points, s'il a soufflé sur toute autre bille, et cette bille, si c'est celle de son adversaire, sera, au choix de ce dernier, également en main ou laissée à sa place. Si c'est la rouge, elle sera remise sur sa mouche ou laissée aussi à sa place. La même faute, commise par l'adversaire, lui fera encourir la même punition.

33. Si un joueur, prêt à jouer ou en jouant son coup, est touché par quelqu'autre joueur ou par un des spectateurs, il recommencera, pourvu, toutefois, qu'il soit jugé qu'il a été touché.

34. Quand la bille d'un joueur est touchée, lorsqu'elle roule et qu'elle n'a point encore eu de contact avec d'autre bille, par quelqu'un d'étranger à la partie, le joueur recommencera son coup ; si la bille est touchée lorsqu'elle avait eu contact avec une

autre, la galerie juge où elle devait aller, et cette bille y est placée. Si la galerie reconnaît que le joueur aurait fait des points, ces points lui sont comptés : de même que, si elle juge qu'il se serait perdu ou qu'il aurait manqué à toucher, l'adversaire compte ces points.

35. Quand un joueur ayant à jouer, sa bille en touche une autre, on relève les trois billes, on place la rouge sur sa mouche, et il tire dessus comme s'il commençait la partie : par conséquent l'autre joueur joue ensuite étant en main.

36. Lorsque, la rouge se trouvant faite, une bille occupe sa place sur la mouche, ladite rouge se met sur la mouche du milieu ; si celle-ci est également occupée, on la place sur la mouche du bas ; et si la mouche du haut, ou celle du milieu, devient vacante avant qu'elle ait été touchée par l'un des joueurs, elle se met sur l'une de ces mouches, mais de préférence sur celle qui lui est propre ; et si elle avait été placée sur la mouche du milieu, la seule disponible, et que celle du haut devint vacante, elle serait encore déplacée et remise sur cette dernière ; mais il faut toujours qu'elle n'ait pas été touchée.

37. Si une bille, arrêtée sur le bord d'une blouse, y tombe avant d'avoir été touchée par celle du joueur ou toute autre, le coup n'étant pas consommé, les billes seront remises à leur place; et le joueur recommencera; mais, si cette bille, qui est sur le bord de la blouse, n'y tombe que lorsque les billes seront arrêtées, le coup sera consommé, et la bille tombée devra être remise à la place qu'elle occupait.

38. Quand deux billes, touchant l'une à l'autre, se trouvent au-dessus d'une blouse, sans y être entrées, elles sont toutes deux réputées dedans.

39. Il peut arriver que, la bille d'un joueur étant faite, ce joueur, l'ayant retirée de la blouse, la dépose par inadvertance sur le billard, et que son adversaire, qui continue de jouer, carambole sur cette bille : dans ce cas, le carambolage est bon, perte comme gain, et la bille sur laquelle il a été fait ne peut être retirée du billard.

40. Lorsqu'un joueur est convenu de traîner, en jouant de masse (on appelle masse le gros bout de la queue); il doit traîner droit sur la bille ; sinon, il perd un point, et ne compte rien du coup.

41. Il n'est permis à aucun joueur de toucher sa bille, étant sur le tapis, sous quelque prétexte que ce soit ; s'il la touche, il perd un point, et cette bille est remise à sa place.

42. Lorsqu'un joueur ne joue plus que pour un point, il ne peut le demander sur tel coup que ce soit, puisque ce point lui ferait gagner la partie : comme ce serait une surprise, la partie serait remise en un point de plus, si le coup se jouait sans que celui qui a donné le point y fît attention.

43. Quand un joueur ayant dix-neuf points, son adversaire ne se le rappelant pas, donne un point, ce point ne fera pas gagner la partie, qui sera remise en un point de plus, ou le coup recommencé, au choix de celui qui en a dix-neuf.

44. Lorsqu'un joueur a oublié de compter ses points, que ces points aient été faits par lui, ou lui aient été rendus par son adversaire, ou soient le résultat de pertes faites par celui-ci, la galerie a le droit de les rappeler sans qu'elle soit interpellée. Les parieurs pourront les rappeler aussi, mais dans le cas seulement où leurs paris ne seraient pas tenus par l'un des joueurs.

45. Lorsque les joueurs, dans le courant

de la partie, conviennent de la recommencer, ou de changer leur jeu, ce sera toujours à celui qui aura commencé, à jouer le premier, à moins d'une convention particulière.

46. Celui qui perd la partie a le droit de jouer ou faire jouer le premier à la partie suivante.

47. Lorsqu'on est plus de deux à faire la partie, et qu'au lieu de jouer chacun son tour, ce tour se prend par des points gagnés ou donnés, il faut, pour remplacer un joueur, qu'il se soit perdu, ou qu'il ait manqué à toucher deux fois, sans qu'il ait été fait de points, dans l'intervalle d'un manque de touche à l'autre, par son adversaire, ou que celui-ci ait fait un carambolage.

48. Lorsque, la partie se faisant à trois ou à quatre, ou plus encore, l'un des joueurs aura fait le nombre de points voulu pour qu'il ait gagné, sa bille ne continuera pas à être jouée par celui dont c'est le tour; et celui-ci jouera comme s'il commençait la partie, c'est-à-dire qu'il sera en main, sa bille ayant été relevée ainsi que l'autre blanche, et la rouge placée sur sa mouche; celui qui jouera après lui sera également en main. D'après l'usage suivi jusqu'ici, la bille

avec laquelle un joueur avait gagné, servait au joueur subséquent; si donc celui-ci était assez habile pour profiter de la position qui pouvait lui avoir été laissée à dessein ou seulement donnée par le hasard, il pouvait, jouant la partie à suivre, la terminer sans interruption: il est évident que cette manière de jouer était tout-à-fait vicieuse, puisque non seulement elle pouvait faire profiter un joueur d'un coup qui ne venait pas de lui, mais encore, et c'est surtout là ce que les règles doivent prévenir, qu'elle fournissait à la fraude un moyen dont elle ne manquait pas de s'emparer, quand il lui était avantageux.

49. Si un des joueurs quitte pour ne plus jouer, le billard reste de droit à celui qui vient de jouer, s'il a une partie engagée.

50. Quand on a fait la partie à quatre, et qu'un des joueurs ou deux quittent, le billard appartient de droit aux deux restant, s'ils continuent à jouer ensemble; mais, si les deux premiers ne quittent que pour jouer en tête à tête, ceux-ci ne pourront tirer le billard; s'ils quittent tous les quatre, ils auront tous le droit de tirer le billard.

51. Lorsque deux joueurs occupent le

billard, soit en jouant des frais ou de l'argent, il n'y a que le cas où l'on demanderait la poule qui pût le leur faire quitter : pour demander la poule, il faut être au moins cinq joueurs.

52. Lorsque le billard n'est occupé par personne, chacun a le droit de le tirer, lorsqu'il a une partie d'engagée ; s'il perd le billard, la personne avec laquelle il devait jouer ne pourra le tirer.

53. Quand les joueurs jouent un dîner ou des rafraîchissemens, celui qui perd paie les frais, à moins d'une convention contraire.

54. Lorsque les joueurs jouent de l'argent, celui qui gagne paie tous les frais. Si le gain n'est pas suffisant, les deux joueurs paieront le surplus par moitié.

55. Lorsque les joueurs parient ensemble de l'argent, en jouant les frais, c'est celui qui gagne le pari qui paie les frais, comme ayant joué de l'argent.

56. Lorsque les joueurs parient avec la galerie, ils ne peuvent faire ensemble, dans le courant de la partie, aucun arrangement ni conventions préjudiciables aux intérêts de leurs parieurs ; dans ce cas, les paris deviendraient nuls.

57. On ne peut jouer ni parier sans argent; les joueurs et les parieurs auront soin
de mettre et faire mettre au jeu.

58. Les parties et les gageures équivo-
ques sont nulles.

59. Dans tous les cas, celui qui quitte la
partie la perd.

60. S'il arrivait quelque coup qui ne fût
pas sur ces règles, le maître du billard, ou
le garçon qui le représente, recueillera les
voix de la galerie pour le juger : si les voix
se trouvent partagées, celle du maître ou
du garçon, qui doit prévaloir, décidera le
coup. Les intéressés à la partie ne peuvent donner leurs voix.

PARTIE A SUIVRE.

Aṛt. 1ᵉʳ. La partie à suivre se joue en vingt-quatre points.

2. On se sert des mêmes billes qu'à la partie ordinaire : ces billes ont la même valeur.

3. Celui qui commence joue sur la rouge, et continue de jouer tant qu'il la fait.

4. Celui qui joue le second, joue sur celle qu'il juge à propos, lorsqu'elles sont toutes deux du haut, et continue tant qu'il fait des points, soit en bille, soit en carambolage.

5. On est obligé d'observer le demi-cercle de douze pouces de diamètre.

Toutes les règles de la partie ordinaire sont applicables à celle-ci.

PARTIE
DU DOUBLET FRANC.

Art. 1ᵉʳ. La partie du doublet franc,

c'est-à-dire sans bricole ni coup de talon, et dans laquelle le contre-coup est bon, se joue, sans suivre, en douze points, et, à suivre, en seize points.

2. Consulter, pour tous les autres coups, les règles de la partie ordinaire.

PARTIE BLANCHE.

ART. 1ᵉʳ. La partie blanche se joue en douze points.

2. Les joueurs, avant de commencer la partie, remarqueront leur bille, et tireront ensemble à qui donnera l'acquit; le plus près de la petite bande donnera ou fera donner l'acquit.

3. On est obligé d'observer le demi-cercle de douze pouces de diamètre.

4. L'acquit se donne d'un seul coup, de masse ou de queue, et au-dessus des blouses du milieu. Celui qui tire dessus, peut, s'il n'a pas été donné d'un seul coup, le trouver bon, ou faire mettre la bille à la pénitence. On appelle la pénitence une mouche placée à la distance de deux billes et demie du milieu de la petite bande du haut.

5. Si la bille de celui qui donne l'acquit revient au-dessous des blouses du milieu, l'acquit est bon ; si elle revient dans le bas, elle doit être mise à la pénitence.

6. Quand on manque à toucher, on perd un point ; si l'on se perd sans toucher, on en perd deux.

7. Lorsque, sur quelque coup, les joueurs conviennent de relever les billes, et qu'ils les relèvent sans autre explication, c'est à celui qui en a fait la proposition à donner l'acquit, à moins que, sur le coup, l'un des joueurs n'ait fait avantage d'un point à l'autre : alors, c'est à celui qui a reçu cet avantage à donner l'acquit.

8. Quant aux autres coups, ils n'ont point d'autres règles que celles de la partie ordinaire.

PARTIE BLANCHE

AU DOUBLET.

Cette partie se joue en huit points ; elle n'a point d'autres règles que celles du doublet franc et de la partie blanche.

PARTIE RUSSE.

Art. 1er. Cette partie se fait en quarante points ; il faut, pour la jouer, cinq billes, savoir : une rouge, une jaune, une rose et deux blanches.

2. La bille rouge se place sur la mouche du haut.

3. La bille jaune se place sur la mouche du milieu.

4. La bille rose se place sur la mouche du bas : par conséquent , lorsque, dans le cours de la partie, on est en main, on ne peut jouer dessus.

5. On est obligé d'observer le demi-cercle de douze pouces de diamètre.

6. Celui qui joue le premier, donne son acquit ; si, en le donnant, il touche une des trois billes, il perd un point ; s'il en touche deux, il en perd deux ; s'il en touche trois, il en perd trois ; les billes sont remises à leur place, et il donne de nouveau son acquit.

7. Celui qui joue le second ne peut tirer sur d'autre bille que celle de son adver-

saire; s'il en touche d'autres, avant d'avoir touché celle-ci, il perdra autant de points qu'il aura touché de billes; s'il arrive qu'il fasse ainsi une ou plusieurs billes, il perdra de points ce que valent ces billes; s'il se perd, ayant fait des points, cette perte vaudra à l'adversaire le nombre de points faits; s'il se perd n'ayant rien fait, sa perte comptera à l'adversaire autant de points qu'en vaut la bille qu'il aura touchée; et, s'il résulte de ce coup que sa bille occupe la place d'une autre, il la relève pour y mettre cette dernière, et place la sienne, en la mettant à six pouces de distance, au milieu de la petite bande la plus éloignée de la bille de son adversaire.

8. La bille rouge et la bille rose ne peuvent être faites qu'aux blouses des coins, et comptent, chacune, quatre points; si on les fait aux blouses du milieu, elles comptent à l'adversaire.

9. La bille jaune ne peut être faite qu'aux blouses du milieu, et compte six points; si on la fait ailleurs, elle compte à l'adversaire.

10. La bille blanche peut être faite partout, et compte deux points.

11. Le carambolage est bon sur toutes les billes, et compte deux points.

12. On continue de jouer tant qu'on fait des points : les billes reprennent leur place.

13. Dans le cas où, le joueur faisant une des trois billes de couleur, la place de cette bille faite viendrait à être occupée, et que les deux autres mouches seraient vides, la bille faite, si c'est la rouge, se mettra sur la mouche de la rose, et, si c'est la rose, ré-ciproquement ; elle ne prendra la place de la jaune qu'autant que la mouche de celle-ci serait seule disponible ; et dans le cas où les trois mouches seraient prises, elle sera placée à la pénitence. Dans le cas où, la jaune étant faite, sa mouche serait occupée, elle sera mise, si les deux autres mouches sont vacantes, sur celle qui se trouvera la plus éloignée de la bille du joueur ; et, si ces deux mouches sont prises, à la pénitence. Le coup joué, si la jaune n'a pas été touchée, on la met sur la première mouche vacante, sauf à la déplacer encore pour la mettre sur sa mouche primitive, mais toujours si elle n'a pas été touchée.

14. Consulter, pour tous les autres coups, les règles de la partie ordinaire.

PARTIE

DES CINQ BLOUSES.

Art. 1ᵉʳ. La partie des cinq blouses se joue en quinze points.

2. Quand un joueur sauve cinq blouses sans autre convention, il ne compte que les billes qu'il fait dans sa blouse, les carambolages et les fautes de son adversaire, pour lesquelles on aura recours aux règles de la partie ordinaire.

3. Lorsque le joueur qui sauve cinq blouses se perd dans la sienne sans toucher, il ne perd qu'un point; s'il se perd ayant fait des points, il ne perd rien, et compte tous les points qu'il a faits du coup; mais, s'il se perd dans l'une des cinq autres blouses, il perd, ayant tonché la blanche, deux points, et si c'est la rouge, trois points; s'il a fait des billes dans sa blouse, ou carambolé, il en perd autant qu'il en aurait gagné.

4. Le joueur à qui l'on sauve cinq blouses ne compte rien des points qu'il fait dans la blouse de son adversaire; s'il s'y perd, il perd, comme ci-dessus, autant de

points qu'il en aurait gagné ; s'il se perd dans l'une des six blouses, il perd autant de points qu'il en aurait gagné.

5. Lorsqu'un joueur sauve cinq blouses à perte et à gain, il compte toutes les billes qui entrent dans sa blouse, soit faites par lui ou son adversaire.

6. Lorsqu'un joueur sauve cinq blouses, perte et gain réciproquement, cette partie se fait en vingt points. Quand l'un des joueurs, en faisant bille dans sa blouse, se perd dans celle de son adversaire, le gain est pour celui-ci ; il en est de même s'il se perd dans sa blouse et qu'il fasse bille dans celle de son adversaire. Quand le joueur a fait des points et qu'il s'est perdu dans sa blouse, il compte les points faits, plus deux points s'il a tiré sur la blanche, et trois points si c'est sur la rouge ; s'il a carambolé, la perte ne lui compte que deux points.

7. Lorsque les joueurs se sauvent réciproquement cinq blouses, la partie se fait en douze points.

8. Quant aux autres coups, ils n'ont point d'autres règles que celles de la partie ordinaire.

PARTIE
CHACUN TROIS BLOUSES.

Art. 1ᵉʳ. On appelle ainsi la partie où l'on se partage le billard : on le partage en longueur ; c'est-à-dire que chacun a son côté ; celui qui a le côté gauche, et il appartient de droit à celui qui, ayant tiré le billard, l'a gagné, peut faire quelqu'avantage à son adversaire, ce côté présentant pour certains coups des facilités qu'on ne peut obtenir de l'autre.

2. Cette partie se joue en vingt-quatre points, et avec les billes de la partie ordinaire, qui ont la même valeur.

3. On se place dans le demi-cercle de douze pouces de diamètre.

4. On a perte et gain ; quand on se perd sans toucher, l'adversaire ne compte qu'un point.

5. Chaque joueur ne peut faire de points que dans ses blouses ; les billes faites dans les blouses de l'adversaire de même que la perte comptent pour celui-ci.

6. Quand on se perd sur la rouge en la

faisant, on gagne six points; sans la faire, trois points; quand on se perd sur la blanche en la faisant, on gagne quatre points; sans la faire, deux points. En se perdant sur le carambolage on gagne quatre points.

7. Il ne faut pas induire de l'article qui précède que la perte vaut autant de points qu'il en a été fait: ainsi, à cette partie, le coup de sept et la perte, qui est le coup le plus fort que l'on puisse faire, compte neuf points; le coup de cinq et la perte en compte sept; le coup de quatre et la perte six; on voit, par conséquent, que la perte, pour ces coups, est prise sur le carambolage.

8. Quand, en faisant des points dans ses blouses, le joueur fait bille ou se perd dans une de celles de l'adversaire, ce dernier compte pour lui les points, plus la bille faite ou perdue dans sa blouse.

9. Toutes les règles de la partie ordinaire sont applicables à celle-ci.

PARTIE DE LA PERTE.

Art. 1er. Cette partie se joue avec les

billes de la partie ordinaire, qui ont la même valeur. La rouge se met sur une mouche placée à huit pouces de la petite bande du haut.

Les joueurs, avant de commencer la partie, doivent s'expliquer, afin de savoir s'ils jouent la perte seulement, ou la perte et le gain simple, ou la perte et le gain double.

2. Lorsque l'on joue la perte seulement, celui qui fait des points ne gagne ni ne perd rien ; mais, si du même coup il se perd, il gagne autant de points qu'il en a fait.

3. Quand on joue la perte et le gain simple, celui qui fait des points les compte ; si, du même coup, il se perd, il compte non-seulement les points qu'il a faits, mais encore ceux de sa perte, c'est-à-dire, deux points s'il a joué sur la blanche, et trois points s'il a joué sur la rouge ; s'il se perd, ayant carambolé, la perte ne lui comptera que deux points.

4. Lorsque l'on joue la perte et le gain double, celui qui fait des points les compte ; et, si, du même coup, il se perd, il double par sa perte les points qu'il a faits.

5. Consulter, pour tous les autres coups

qui se présenteraient, les règles de la partie ordinaire.

PARTIE DE COMMANDE.

Art. 1er. Lorsque le joueur qui commande, nomme deux billes, le joueur commandé tirera sur celle qui lui conviendra.

2. Si le joueur commandé ne touche pas la bille nommée, il perd un point, et ne peut tirer aucun avantage de son coup; la bille touchée faussement la première est remise à sa place, et les autres restent où elles se trouvent; mais, s'il se perd, n'ayant pas touché la bille commandée, il perd trois points.

3. Lorsqu'un joueur a commandé une bille, et que celui qui tire dessus manque à toucher, son adversaire pourra le faire recommencer, s'il n'a pas touché la bande la plus près de la bille commandée, et dépassé cette bille.

4. Pour tous les autres coups, on aura recours aux règles de la partie ordinaire.

PARTIES A ÉCRIRE.

PARTIE A SUIVRE.

Art. 1er. Toutes les règles de la partie à suivre s'observent à celle-ci, qui se joue en huit marqués.

2. Chaque marqué est de douze points ; plus deux de consolation.

3. La petite bredouille double le marqué ainsi que les points de consolation ; elle appartient au joueur qui, le premier, compte trois points ; celui-ci la perd et ne peut plus la reprendre, quand son adversaire a pris également trois points, qui la lui donnent à son tour ; mais il peut l'annuler, en comptant encore trois points, depuis qu'elle lui a été ôtée. Pour qu'un joueur conserve la bredouille, il faut donc qu'il prenne le marqué sans que son adversaire ait compté trois points depuis qu'il l'a prise ; et ces rois points doivent être pris ou reçus, ans que l'adversaire en fasse ; autrement ils ne pourraient annuler la bredouille. Quand un joueur a un ou deux points pour pren-

dre ou annuler la bredouille, s'il manque
à toucher, ce point donné fait que ce qu'il
avait de points ne peut plus lui servir à
prendre ou annuler la bredouille. Le marqué ne peut être complété par une perte
ou des points donnés : il faut que le joueur
fasse les points qui le terminent. Ainsi
donc il aurait neuf points, son adversaire
se perdrait de trois, il comptera bien douze
points, mais il ne pourra s'en aller qu'en
en faisant encore deux ou trois, et, dès lors,
il comptera quatorze ou quinze. S'il ne s'en
va pas, dans l'espérance de prendre un second marqué, ce qui lui donnerait la grande
bredouille, et que son adversaire fasse trois
points, sa petite bredouille se trouve perdue.

4. La bredouille n'étant prise par aucun
joueur, la partie se fait comme la partie
ordinaire, précédemment expliquée, avec la
seule différence qu'on ajoute deux points
de consolation à chaque marqué.

5. La grande bredouille quadruple le
marqué ainsi que les points de consolation;
elle se prend, se perd et s'annulle comme
il a été expliqué pour la petite.

6. Le premier postillon, qui se prend
quand on a marqué son adversaire cinq

fois, vaut vingt-huit points; les trois autres valent, chacun, huit points.

7. La queue vaut vingt points et est gagnée par le joueur qui a pris le plus de points; un seul point d'avantage la fait gagner.

8. A chaque partie, le gagnant compte combien il a de fiches de bénéfice (la fiche vaut dix points), et ce compte se fait ainsi: supposez que le gagnant ait fait cent soixante-cinq points, que son adversaire en ait fait cinquante; ce dernier ne comptera rien; mais ses points en effaceront un nombre égal au gagnant, qui, par conséquent, ne comptera plus que cent quinze. Ces cent quinze points font douze fiches, au lieu de onze et demie, parce qu'il faut encore expliquer que lorsqu'on a atteint le nombre cinq, ces cinq points valent une fiche, de même que lorsque l'on n'y est pas arrivé, les points sont perdus: ainsi donc quinze points font deux fiches, et quatorze n'en font qu'une.

PARTIE RUSSE.

ART. 1er. Toutes les règles de la partie

russe sont applicables à celle-ci, qui se joue, comme la précédente, en huit marqués.

2. Le marqué est de vingt points, auquel on ajoute quatre points de consolation.

3. La petite bredouille se prend, se perd et s'annulle par quatre points. Toutes les explications données à son sujet, comme pour la grande, à la partie précédente, sont communes à la partie russe, de même que celles qui concernent les postillons, la queue, et la manière dont le jeu doit être compté; la seule différence est dans le nombre de points que rapportent les postillons et la queue. Le premier postillon vaut trente-six points, et les autres, chacun, douze; la queue compte trente points.

NOUVELLES RÈGLES

DE

LA POULE

à deux billes.

DE LA DISTRIBUTION DES BILLES.

ART. 1ᵉʳ. Les Joueurs ayant déposé leur mise, et s'étant rangés autour du billard, le marqueur, après avoir mis dans un panier, disposé à cet effet, autant de billes qu'il y aura de joueurs, et les avoir bien remuées, les distribuera une à une, en commençant par sa droite, et en ayant soin de nommer le numéro inscrit sur la bille qui revient à chaque joueur : ce numéro, qui indiquera le tour que devra prendre le joueur, sera également celui sous lequel il sera marqué sur le tableau.

2. Dans le cas où plusieurs personnes se

présenteraient pour entrer à la poule, la distribution des billes ayant eu lieu, elles feraient un tirage entre elles, pour prendre l'ordre de leurs numéros. Si ces personnes sont arrivées avant que le premier tour ne soit fait, on ne pourra leur faire prendre marque, lors même que quelque joueur aurait été marqué; et ce droit leur appartiendra encore, le premier tour ayant été fait, s'il n'y a pas eu de marque prise : dans ce dernier cas, il faut, pour jouir de cet avantage, qu'ils déclarent faire la poule avant qu'un autre tour ne soit commencé. Si, le premier tour ayant eu lieu, quelque joueur a été marqué, les rentrants doivent être marqués de même que ce joueur.

3. Une personne qui aurait assisté à la distribution des billes, ainsi que celle qui, arrivant après, aurait laissé recommencer un tour sans manifester l'intention de faire partie des joueurs, ne pourront y être admises

4. Le joueur dont la bille aura pris la première le nombre de marques voulu pour qu'elle soit rayée du tableau, pourra, en donnant une seconde mise, rentrer à la poule, et avec le même numéro, mais en prenant autant de marques que le joueur le plus marqué. Si donc il n'y avait pas eu-

core eu de marque de prise, sa bille n'en prendrait point non plus. Pour jouir de cet avantage, il faut qu'il y ait au moins quatre joueurs à la poule.

5. Quelque erreur qu'il y ait eu dans l'arrangement des billes, les paris sont bons, pourvu que les joueurs aient eu un numéro à leur tour. Ainsi, par exemple, le marqueur ayant mis, à la place de l'*as*, le numéro *quinze*, bien qu'on ne fût que dix à la poule, ce numéro 15 gagnera pour le pari sur le 10, le numéro le plus élevé faisant toujours gagner les paris; mais, pour le tour à prendre sur le tableau, il y fera figurer le joueur comme ayant l'as, qui est le numéro pour lequel il a été mis.

6. Dans aucun cas, les joueurs ne peuvent échanger leurs numéros.

DE L'ACQUIT.

7. Le joueur qui a l'as donne son acquit, avec la bille qui lui convient, de tel endroit du quartier qu'il veut, et en ne faisant point dépasser à sa bille la ligne qui forme ledit quartier. Pour que l'acquit soit bon, il faut que la bille ait été envoyée d'un seul coup de queue sur la partie du

tapis qui est au-dessus des blouses du milieu;
autrement la bille serait mise à la pénitence:
on appelle la pénitence une mouche placée
à la distance de deux billes et demie du milieu de la petite bande du haut. Le joueur,
demandant, avant qu'elle ne soit arrêtée,
que sa bille soit placée à la pénitence, on
ne peut le lui refuser. — Pour donner son
acquit, comme pour tous les autres coups à
jouer étant en main, il faut avoir les deux
pieds et le corps dans le billard.

8. Quand l'as aura donné son acquit, le
numéro 2 jouera dessus avec l'autre bille,
également d'un seul coup de queue ; il ne
peut, pour s'ajuster, aller de sa bille à l'autre. Puis, le numéro 3 jouera sur le numéro
2 avec la bille de l'as, et ainsi de suite.

9. Dans tous les cas, lorsque, l'acquit
étant donné, le joueur qui devait jouer dessus changera, l'acquit pourra être redonné,
quand même la bille aurait été mise à la
pénitence.

10. Toutes les fois qu'il y a une marque
prise, les deux billes sont relevées, et celui
à qui c'était le tour de jouer donne son acquit ; cependant il n'en est pas ainsi quand
il n'y a plus que deux joueurs : alors, c'est
celui qui a été marqué qui reçoit l'acquit.

DES FAUTES QUI FONT PRENDRE MARQUE.

11. Un joueur aura fait faute, et son numéro sera marqué,

1° Lorsqu'il aura manqué à toucher;

2° Lorsque sa bille, par l'effet du coup de queue qu'il aura donné, se trouvera n'être plus sur le tapis;

3° Lorsqu'il aura touché sa bille mal à propos;

4° Lorsqu'il aura dérangé une bille roulante ou arrêtée, à moins que celui qui avait joué le coup, ne l'eût fait mauvais;

5° Lorsqu'il aura queuté.

AUTRES CAS OU L'ON PRENDRA MARQUE.

12. Lorsque l'on sera fait sans qu'il y ait eu de faute.

13. Si un joueur ne se présente pas pour jouer à son tour, bien que son numéro ait été appelé *trois fois*, il sera marqué; si, le marqueur ayant oublié de l'appeler, ce joueur a laissé passer son tour deux fois, il prendra marque; s'il l'a laissé passer trois fois, il sera rayé du tableau.

14. Lorsqu'un joueur indiquera la manière de faire une bille, si cette bille est

faite par suite de son conseil, le joueur qui aura pris une marque, pourra exiger que celui qui aura conseillé en prenne également une.

DE LA PRISE A FAIRE.

15. Chacun des joueurs peut prendre à faire, et ne laisser jouer celui dont c'est le tour, qu'après s'être bien assuré qu'il garde à faire.

16. Le joueur qui, ayant pris ou gardé à faire, ne fera pas la bille, sera marqué.

17. Lorsqu'un joueur avertira de prendre à faire sur une bille, et que cette bille sera faite par suite de son conseil, il sera marqué ainsi que le possesseur de la bille faite.

18. Lorsqu'un joueur, n'ayant plus qu'une marque à prendre pour être mort, aura pris à faire pour ou sur une bille qui aura deux marques de moins que la sienne, on pourra s'opposer à ce qu'il joue: s'il n'y a pas eu d'opposition, cette prise à faire aura l'effet accoutumé.

19. Lorsque plusieurs joueurs auront pris à faire, ce sera à celui qui aura parlé le premier de jouer; s'il y avait opposition fondée

à ce qu'il jouât, ce serait au second, et ainsi de suite.

DE LA VENTE DES BILLES.

20. Un joueur pourra vendre sa bille à un autre, pourvu que celui-ci ait été de la poule, et qu'il n'y ait aucun motif de l'exclure; mais il ne pourra la racheter.

21. Aucun joueur ne pourra rentrer à la poule tant qu'une bille avec laquelle il aura joué ne sera pas rayée du tableau.

22. Lorsqu'un joueur achète une bille, il la prend telle quelle est lors de la conclusion du marché : en conséquence, si elle est sur l'acquit, elle doit y rester.

23. Une bille vendue moitié partout, se paie moitié de la poule en cas de gain, et moitié de la mise en cas de perte.

24. Une bille vendue mise ou, se paie moitié de la poule en cas de gain, et la mise en cas de perte.

25. Une bille vendue mise et, se paie, en cas de gain, la mise à prélever sur la totalité de la poule, et le reste se partage; en cas de perte, la mise.

26. Une bille vendue mise en poche, se paie d'abord la mise; et moitié de la poule en cas de gain.

DISPOSITIONS GÉNÉRALES.

27. Lorsque la bille du joueur touche l'autre, les deux billes sont relevées, et celui dont c'était le tour à jouer donne son acquit.

28. Lorsque les billes, ou une d'elles, auront été dérangées, roulantes, par une personne étrangère à la poule, elles seront relevées, et l'acquit sera donné par celui qui venait de jouer, si c'est sa bille qui a été dérangée ; si c'est l'autre bille, l'acquit sera donné par celui dont c'était le tour à jouer.

29. Lorsque les billes ou une d'elles, étant arrêtées, seront dérangées par une personne étrangère à la poule, ou même par un joueur, le marqueur les remettra à leur place, d'après l'avis de la galerie.

30. Lorsqu'un joueur dont la bille n'aura plus qu'une marque à prendre, fera visiblement exprès de déranger les billes, il ne pourra rentrer à la même poule, et les billes seront remises à leur place.

31. Lorsqu'un joueur fera sauter hors le tapis la bille sur laquelle il joue, le coup sera nul ; les deux billes seront relevées, et

l'acquit donné par celui dont ce sera le tour à jouer.

32. Un coup, quoiqu'ayant été joué par quelqu'un dont ce n'était pas le tour, n'en sera pas moins bon ; c'est à celui qui a joué le dernier à veiller à sa bille tant qu'elle est en danger. Le joueur dont le n°. suit celui qui s'est trompé joue ensuite. Cependant, si cela arrivait avant que le premier tour de la poule ne fût fait, les joueurs joueraient chacun son coup. Ainsi, dans ce cas, le n°. 8, par exemple, ayant joué pour le n°. 3, le 4 et non pas le 9 devra jouer après lui.

33. On ne pourra revenir sur un coup, quand depuis il y en aura eu un autre de joué, sans réclamation.

34. Dans le cas où celui qui tient le billard, ou celui qui le remplace, ferait la poule, il aura le droit de céder sa bille.

35. Le maître de l'établissement aura seul le droit de déterminer le montant de la mise et les frais à prélever.

36. Tous les paris qui ont lieu à la poule, pour telle ou telle bille sont bons, et ne sauraient être subordonnés au changement de joueurs.

37. Dans aucun cas, un joueur ne peut, en défendant la poule, sauver plus de la

moitié de son produit, puisque, s'il le faisait, il aurait intérêt à perdre.

38. Le joueur qui restera le dernier gagnera la poule, qui lui sera remise par le marqueur, les frais prélevés.

39. On ne pourra jamais remettre plus d'une fois la marque, lorsqu'on défendra la poule à trois.

40. Toute association pour gagner, ou pour faire perdre les autres joueurs, est expressément défendue, chacun devant être seul contre tous. En conséquence, un joueur ne peut avoir deux intérêts, que dans le cas où il n'a qu'un adversaire. Ainsi donc, si, étant mort, un joueur sauve une ou plusieurs mises à un autre joueur, il ne peut acheter de bille que dans le cas où celle à laquelle il s'est intéressé serait rayée du tableau.

DÉSIGNATION DU NOMBRE DE MARQUES QUI FERONT RAYER LES BILLES DU TABLEAU.

Jusqu'à dix, en
De onze à vingt, en
A partir de vingt-un, en

FIN.

TABLE DES MATIÈRES.